7 histoires

pour que les petits s'endorment sans faire d'histoires

FLEURUS

FLEURUS

Direction éditoriale : Christine Pedotti
Coordination éditoriale : Sarah Malherbe
Édition : Sophie Cluzel, assistée d'Anna Guével

Direction artistique : Élisabeth Hebert assistée de Marine Montagnier
Illustration de couverture : Céline Chevrel

© Groupe Fleurus, Paris, 2008
Site : www.editionsfleurus.com
ISBN : 978-2-2150-4703-2
N° d'édition : 10168
Tous droits réservés pour tous pays.
« Loi n° 49-956 du 16 juillet 1949 sur les publications
destinées à la jeunesse. »

7 histoires
pour que les petits s'endorment sans faire d'histoires

FLEURUS

Sommaire

Monsieur Noisette ne veut pas dormir 6
Une histoire de Karine-Marie Amiot, illustrée par Céline Chevrel

Un rituel pour s'endormir de Karine-Marie Amiot, illustré par Dorothée Jost

Le petit chevalier de la nuit 12
Une histoire de Karine-Marie Amiot, illustrée par Adeline Avril

Un rituel pour s'endormir de Karine-Marie Amiot, illustré par Dorothée Jost

Gaspard et le lit magique 18
Une histoire de Karine-Marie Amiot, illustrée par Quentin Gréban

Un rituel pour s'endormir de Karine-Marie Amiot, illustré par Dorothée Jost

La folle nuit de la poupée Lili........................24

Une histoire de Karine-Marie Amiot, illustrée par Adeline Avril

Un rituel pour s'endormir de Karine-Marie Amiot, illustré par Dorothée Jost

Le doudou de Petit Louis........................30

Une histoire de Karine-Marie Amiot, illustrée par Céline Chevrel

Un rituel pour s'endormir de Karine-Marie Amiot, illustré par Dorothée Jost

Un soir pas comme les autres........................36

Une histoire de Karine-Marie Amiot, illustrée par Adeline Avril

Un rituel pour s'endormir de Karine-Marie Amiot, illustré par Dorothée Jost

Dauphine et la graine de rêve........................42

Une histoire de Karine-Marie Amiot, illustrée par Quentin Gréban

Un rituel pour s'endormir de Karine-Marie Amiot, illustré par Dorothée Jost

Monsieur Noisette ne veut pas dormir

Monsieur Noisette, l'écureuil, habite le plus vieil arbre de la forêt. À l'étage du dessous, c'est la maison de Monsieur Rossignol. Sur la branche d'en face, Mademoiselle Pie a fait son nid. Et sous les racines vit toute une famille de lapins : Monsieur, Madame et les trois bambins.

Pour la grande fête de la clairière, les habitants du vieil arbre ont décoré une brouette avec des fleurs des champs.

Mademoiselle Pie donne les instructions pour la parade :

« Toi, Monsieur Rossignol, tu t'installeras dans la brouette avec les petits lapins. Toi, Monsieur Noisette, tu les tireras avec Papa Lapin. Et moi, je volerai au-dessus de vos têtes en criant : Hourra ! Hourra ! »

La veille du grand jour, Monsieur Noisette n'a pas envie d'aller se coucher. Il décide de ranger sa collection de fruits des bois : glands, châtaignes, noisettes et noix. Il les compte en chantant des airs d'opéra.

Quand soudain, « toc toc toc » ! On frappe à sa porte.

C'est Monsieur Rossignol en caleçon long, les plumes dressées sur la tête :

« Ça suffit, Monsieur Noisette ! Tu me casses les oreilles.

Je veux dormir, moi ! »

Mais Monsieur Noisette n'a pas sommeil.

« Je n'ai pas envie d'aller au lit, moi ! »

Et zou ! Il enfile ses baskets. En avant la gymnastique !

Il saute à cloche-pied, à pieds joints…

Quand soudain, « toc toc toc » ! On frappe à sa porte.

C'est Mademoiselle Pie dans sa longue chemise de nuit :

« Tu es fou, Monsieur Noisette ! Tu fais trembler tout le vieil arbre, avec ton tintamarre ! »

Monsieur Noisette marmonne : « Je n'ai pas envie d'aller au lit, moi ! »

Et zou ! Il prend son accordéon et sort ses partitions.

Quand soudain, « toc toc toc » ! On frappe à sa porte.

Cette fois-ci, c'est Papa Lapin. « Tu as réveillé tous mes petits ! »

Monsieur Noisette est bien ennuyé d'avoir réveillé les petits lapins.
Il enfile son bonnet de nuit sur sa tête et va se coucher…

Le lendemain matin, les amis de la forêt arrivent dans leurs costumes du dimanche. La fête va bientôt commencer. Monsieur Noisette dort encore.
Monsieur Rossignol l'appelle :
« Saperlipopette ! Lève-toi, Monsieur Noisette ! »
Mais Monsieur Noisette se cache sous sa couette.
« Chut ! je dors. »

Toute la famille Lapin chante de bon cœur :
« **Debout, Monsieur Noisette !** »
Mais Monsieur Noisette se bouche les oreilles : « Chut ! Je veux dormir ! »

Mademoiselle Pie entre par la fenêtre entrouverte, attrape un coin de sa couette dans son bec et s'envole…
Monsieur Noisette se lève encore tout endormi, son bonnet de nuit sur la tête.

« En piste, Monsieur Noisette ! Tire la brouette ! » crie Mademoiselle Pie.
Monsieur Noisette est si fatigué que ses jambes n'arrivent pas à le porter…
Il roule dans un fossé et dort toute la journée !
Pauvre Monsieur Noisette ! De la jolie fête, il n'a rien vu, rien entendu !

Monsieur Noisette, la nuit, il faut dormir !

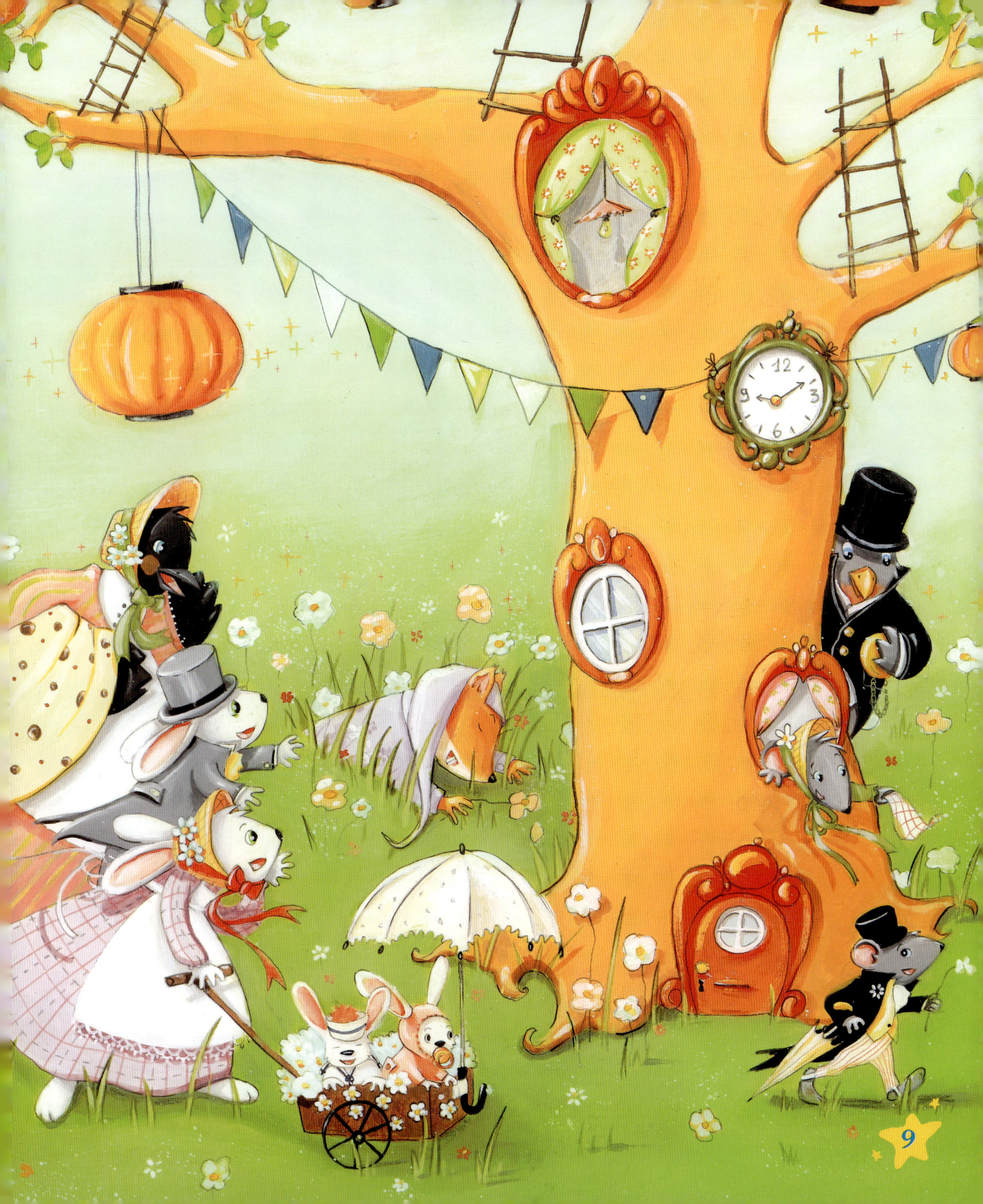

Pour se calmer, avant d'aller se coucher

1 Vérifie que tu n'as rien oublié !
Es-tu passé aux toilettes ?
T'es-tu brossé les dents ?
As-tu bu un petit verre d'eau ?

2 Prépare ton petit nid douillet. Avec papa, ouvrez la couette, tapotez l'oreiller… Maintenant, allonge-toi bien… Mmm… C'est doux, un petit lit bien chaud !

3 Raconte à papa tout ce que tu as aimé aujourd'hui…

4

Papa aussi peut te raconter des secrets.
C'est l'heure des mots les plus doux…

5

Ferme un œil, puis deux !

6

Et maintenant, chut ! Plus un bruit !
La journée est finie.
Bonne nuit, à demain matin !

Le petit chevalier de la nuit

Ce soir, la chambre d'Arthur est vraiment bizarre. **Brrr !**
Arthur a peur qu'une méchante bête ne vienne lui chatouiller les pieds.
Soudain, il sursaute : il a entendu un drôle de bruit…
Vite, Arthur se cache sous sa couette et crie :
« Papa, viens vite ! Il y a un monstre sous mon lit ! »

Papa allume la lumière et le serre dans ses bras :
« Quand j'étais petit comme toi, j'avais peur du noir, moi aussi.
Alors mon papa m'a donné une petite lampe magique qui chasse
les ombres, les formes bizarres et même les petits cauchemars.
Tiens, la voilà, petit chevalier de la nuit ! »
Arthur est tout content d'avoir la belle lampe de papa.
Il lance de gros éclairs : « **Pch pch.** »

Papa continue :
« Pour faire partir les monstres,
il faut aussi connaître
une chanson.
Écoute bien. »
Papa se racle la gorge et entonne :

« Vous, les fantômes, tous les montres de la nuit,
prenez garde à moi.
Si vous venez m'embêter, vous terminerez en purée ! »

Arthur rit, serre la main de papa et chante :
« Vous finirez ratatinés, morts et enterrés ! »

Papa éteint presque toutes les lumières : la lumière du couloir,
celle de la salle de bains… Dans la chambre d'Arthur,
il laisse juste la petite veilleuse briller. Avant de partir, papa dit :
« Appelle-moi si tu as peur de quelque chose ! »

C'est le grand silence tout noir.
Arthur ne bouge plus d'un pouce.
Mais soudain, il sursaute.
Il a entendu du bruit dans le coffre à jouets.
Arthur a peur, très peur ! Il appelle :

« Papa ! »

Papa arrive, lui serre la main et lui dit :
« Allez ! Courage grand garçon !
Prends ta lampe magique
et n'oublie pas ta chanson ! »

Sa lampe de poche à la main,
Arthur se précipite vers le coffre
à jouets, il l'ouvre et envoie
des éclairs de lumière :
« Sortez d'ici, les monstres de la nuit !
Si vous revenez m'embêter,
vous terminerez en purée ! »

Papa serre son fiston dans ses bras :

« Bravo, petit chevalier. Tu pourras te débrouiller sans moi, la prochaine fois ! Bonne nuit ! »

Dans son lit, Arthur serre sa petite lampe et s'endort.

Soudain, au milieu de la nuit, il se réveille en sursaut.

Il a entendu un bruit bizarre. Arthur a la gorge toute nouée.

Il va crier : « Papa, viens vite ! »

Mais soudain, il se souvient qu'il est un vrai petit chevalier de la nuit.

Alors il se dit que ce n'est pas la peine de réveiller son papa.

Il allume sa lampe de poche, se lève et marche à tâtons dans le noir.

Il demande d'une grosse voix : « Qui fait du bruit ici ? »

Et il voit l'un de ses doudous tout peureux, au bas du lit.

« Ah ! C'est toi, éléphant ! Mais tu pleures ? Qu'est-ce qui t'arrive ? »

Arthur attrape son gros éléphant en peluche et le serre dans ses bras :

« Il ne faut pas avoir peur du noir ! Regarde : j'ai ma petite lampe de chevalier ! Tu peux dormir sur tes deux oreilles :

personne ne viendra nous attaquer ! »

Pour ne plus avoir peur du noir

1 Allonge-toi dans ton lit.
Mmm, on est bien sous une bonne couette bien douillette.

2 C'est l'heure de faire un gros dodo : maman éteint la grande lumière. N'aie pas peur : elle allume aussi la petite veilleuse !

3 Maman vérifie partout qu'il n'y ait ni loup, ni fantôme, ni monstre, ni sorcière !
Elle regarde dans tous les coins noirs, dans les placards, derrière les rideaux, sous le lit…

Personne !

4 Maintenant, c'est l'heure des bisous tout doux. Mmm, c'est bon de sentir la bonne odeur du parfum de maman…

5 Si tu as encore un peu peur, serre fort ton doudou. Regarde le trait de lumière sous la porte : papa et maman sont juste à côté. Ils ne laisseront personne t'embêter.

6 Et maintenant, chut !
Plus un bruit !
La journée est finie.
Bonne nuit, à demain matin !

Gaspard et le lit magique

Sous sa jolie couette de plumes, Gaspard est le plus heureux des petits princes. Après une bonne journée, quel bonheur de poser sa tête sur l'oreiller. Comme chaque soir, maman lui caresse les cheveux et lui fait des bisous tout doux.
« Bon voyage au pays des rêves, mon Gaspard chéri… »

Les paupières de Gaspard sont lourdes, lourdes, pleines de sommeil.
Il se laisse bercer par le dernier chant des oiseaux.
Un petit vent qui fait rêver passe par la fenêtre entrouverte.

Gaspard a la tête dans les étoiles…

Soudain, son petit lit se met à bouger doucement… Il décolle, il s'envole !
Gaspard se frotte les yeux. A-t-il rêvé ? Mais non, il ne se trompe pas.
Son petit lit quitte lentement sa chambre, par la fenêtre.
Tout content, Gaspard agite sa main :
« Au revoir, mes petits chaussons. Au revoir, la maison ! »
« Bon voyage, Gaspard ! » lui souhaitent en chœur les ours en peluche
en agitant leurs pattes de velours.

Le petit lit fait quelques loopings au-dessus du jardin, puis il monte
vers le ciel et survole la grande rue éclairée.

Le petit lit va de plus en plus vite. Gaspard serre fort sa couette de plumes,
pour qu'elle ne s'envole pas dans les nuages.
Gaspard est tout excité.
Il claque des doigts et dit : « Allez, mon petit lit magique… emmène-moi…
au parc… On va retrouver les copains ! »

Le lit de Gaspard survole le toboggan des grands.
Gaspard appelle : « Coucou, les copains ! Regardez où je suis ! »
Mais il n'y a personne sur le toboggan.
Personne sur la balançoire.
Personne dans le parc.
La nuit, tous les enfants dorment !

Gaspard a une autre idée :
« Petit lit magique, emmène-moi au bord de la mer !
Sur la jetée, je mangerai une glace en regardant
les bateaux. » Le petit lit survole l'océan. Quand il arrive
près du camion de glaces, Gaspard demande gentiment :
« Un double cornet vanille-fraise,
s'il vous plaît, madame ! »
Mais la marchande de glaces a fermé son camion
depuis longtemps, aucun bateau ne vogue sur les flots…
Gaspard réfléchit. Il claque des doigts et dit :
« Mon petit lit magique…
emmène-moi… à la montagne !
Je veux faire de la luge ! »

Le lit de Gaspard survole les forêts et les collines, et se pose au sommet d'une très haute montagne.

Gaspard pose le bout de son pied sur la neige gelée.

Brrrrr ! Comme c'est froid !

Gaspard grelotte. Il n'a plus très envie de sortir de son lit.

Il frissonne, remonte sa couette jusqu'au bout de son petit nez gelé, bâille et bâille encore.

Ses yeux se ferment tout seuls.

Alors il claque des doigts et dit : « Mon petit lit magique… emmène-moi… chez moi, bien au chaud…

C'est encore ce qu'il y a de mieux, pour faire des rêves merveilleux ! »

5 bisous magiques
pour s'envoler au pays des rêves

1 Installe-toi bien dans ton lit, en laissant une petite place pour ton papa. Pour t'envoler au pays des igloos, frotte ton nez sur celui de papa, comme ça !
C'est rigolo, c'est le « **bisou esquimau** » !

2 Le « bisou à guili » est celui qui fait le plus de bruit ! Bien au milieu, dans le petit trou du ventrou, c'est un bisou tout fou !

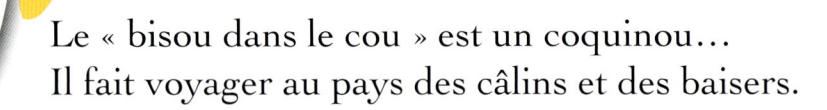

3 Le « bisou dans le cou » est un coquinou…
Il fait voyager au pays des câlins et des baisers.

4

Pour t'envoler au pays des fées,
rien ne vaut le « baiser papillon ».
Papa frotte ses cils contre ta joue…
Mmm… c'est doux, c'est bon !

Quand arrive l'heure du « baiser marchand de sable »,
papa dépose un baiser magique sur tes deux yeux.
Tes paupières sont lourdes… Tes yeux se ferment…

5

6

Et maintenant, chut !
Plus un bruit !
La journée est finie.
Bonne nuit, à demain matin !

23

La folle nuit de la poupée Lili

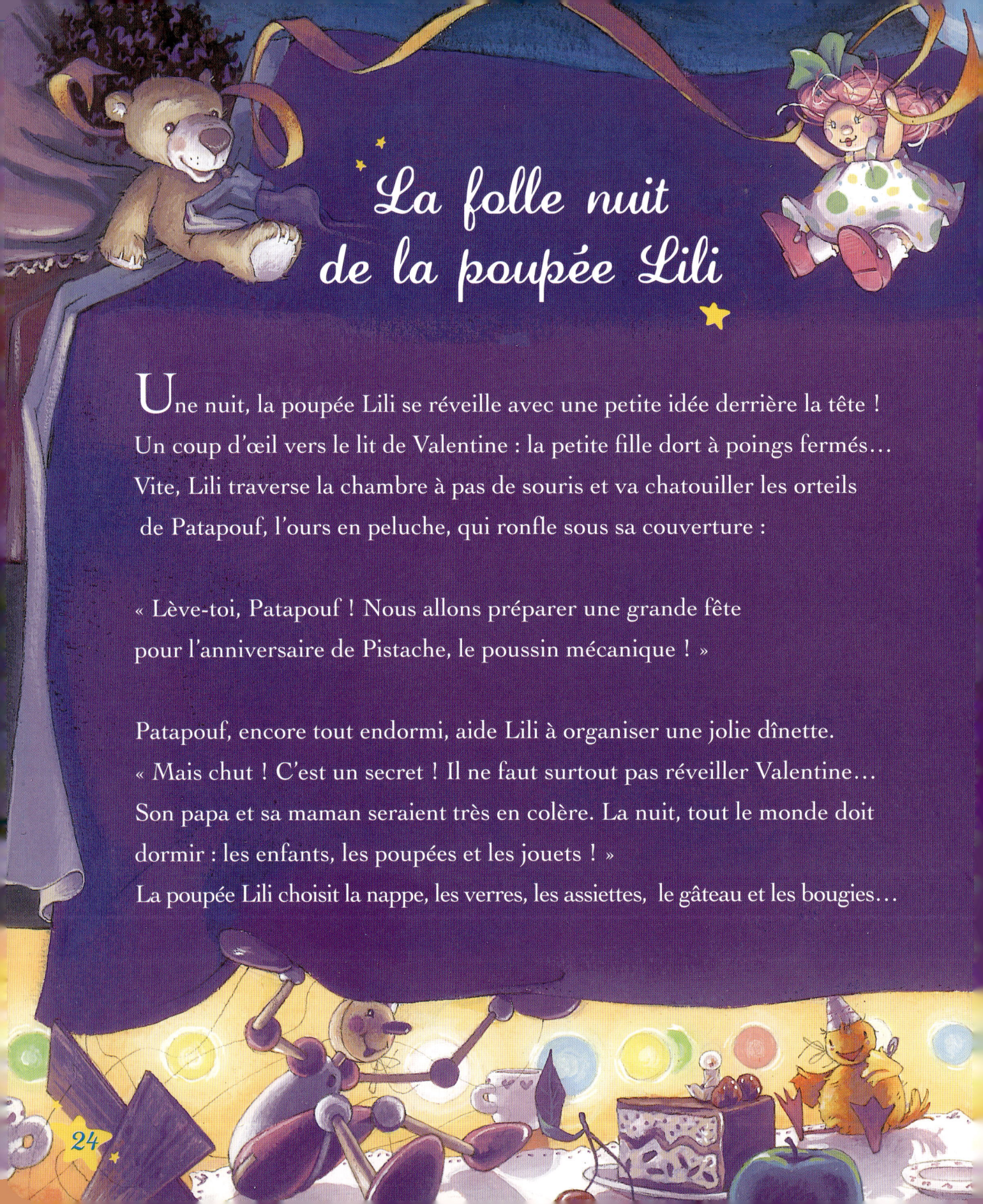

Une nuit, la poupée Lili se réveille avec une petite idée derrière la tête ! Un coup d'œil vers le lit de Valentine : la petite fille dort à poings fermés… Vite, Lili traverse la chambre à pas de souris et va chatouiller les orteils de Patapouf, l'ours en peluche, qui ronfle sous sa couverture :

« Lève-toi, Patapouf ! Nous allons préparer une grande fête pour l'anniversaire de Pistache, le poussin mécanique ! »

Patapouf, encore tout endormi, aide Lili à organiser une jolie dînette.
« Mais chut ! C'est un secret ! Il ne faut surtout pas réveiller Valentine… Son papa et sa maman seraient très en colère. La nuit, tout le monde doit dormir : les enfants, les poupées et les jouets ! »
La poupée Lili choisit la nappe, les verres, les assiettes, le gâteau et les bougies…

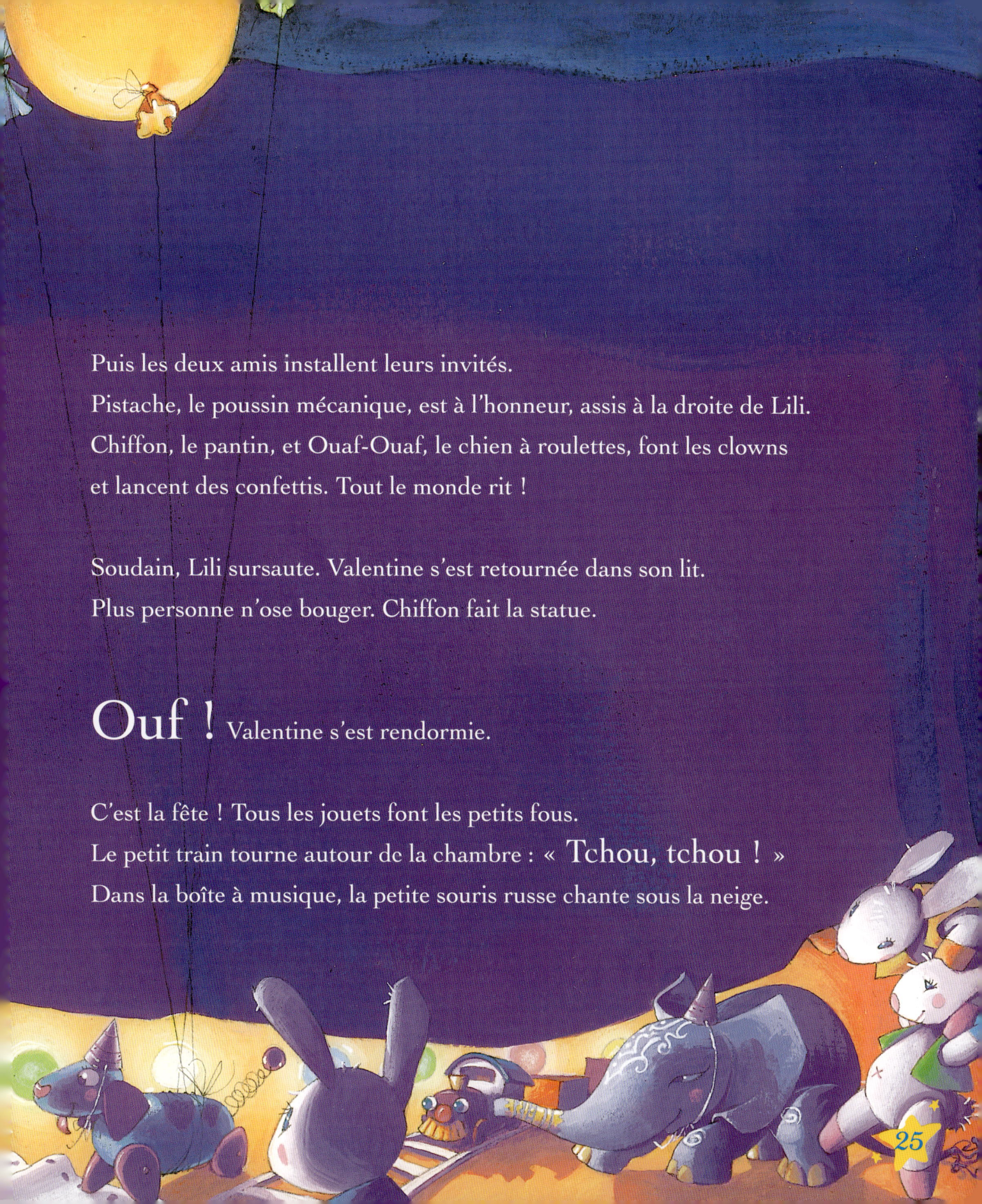

Puis les deux amis installent leurs invités.
Pistache, le poussin mécanique, est à l'honneur, assis à la droite de Lili.
Chiffon, le pantin, et Ouaf-Ouaf, le chien à roulettes, font les clowns
et lancent des confettis. Tout le monde rit !

Soudain, Lili sursaute. Valentine s'est retournée dans son lit.
Plus personne n'ose bouger. Chiffon fait la statue.

Ouf ! Valentine s'est rendormie.

C'est la fête ! Tous les jouets font les petits fous.
Le petit train tourne autour de la chambre : « Tchou, tchou ! »
Dans la boîte à musique, la petite souris russe chante sous la neige.

26

L'éléphant gris joue du tambour et la montgolfière décolle avec toute la famille lapin.

Une ribambelle de personnages sort des livres d'histoires : des rois, des princesses, des petites filles et des petits garçons, des moutons, le Petit Chaperon rouge et même un gentil loup !

Tous, ils se prennent par la main et dansent la farandole.

Quel tintamarre ! Cette fois-ci, Valentine s'assoit dans son lit et se frotte les yeux, bâille puis se rendort.

« Ouf ! On a eu chaud ! dit Lili. Maintenant, il faut tout ranger ! »

Tous les jouets s'activent pour ranger la jolie dînette, les ballons et les confettis.

Puis ils reprennent tous leur place.

Tous, sauf le gentil loup qui ne sait plus de quel livre il est sorti !

« C'est ce livre-ci ! » lui crie Lili.

Tout est bien rangé, comme avant la fête ! Lili pousse un vrai soupir de soulagement… et s'endort, sur le plancher.

Quand Valentine se réveille, ce matin-là, elle trouve Lili endormie au pied de son lit.

Elle regarde sa poupée en souriant et dit :

« Toi, tu as la tête de quelqu'un qui a fait la fête toute la nuit.

Alors zou ! Au lit, petite Lili ! »

Pour dire bonsoir à ses jouets, avant de se coucher

1 Installe ta poupée préférée, ton nounours bien-aimé, ton doudou chéri dans un petit lit bien douillet. Tu peux leur mettre une petite couverture et un oreiller…

2 C'est l'heure des petits bisous tout doux. N'oublie personne, ne fais pas de jaloux !

3 Maintenant, éteins la lumière et chante-leur une jolie berceuse. Dodo, l'enfant do…

4

Allez, zou, au lit ! Tes jouets ne veulent pas
se calmer ? Fais ta grosse voix, comme papa :
« Ce n'est plus l'heure de faire la fête !
La nuit, tout le monde dort, même les joujoux ! »

5

Si une poupée pleure, prends-la avec toi,
sous ta couette, pour un dernier câlin.
Compte bien ; à trois, tout le monde ferme les yeux.

6

Maintenant, chut !
Plus un bruit !
La journée est finie.
Bonne nuit, à demain matin !

Le doudou de Petit Louis

Ce soir, Petit Louis ne veut pas aller se coucher. Il ne trouve plus son doudou. Un Nounours farceur qui se cache quand on le cherche !
Petit Louis ne peut pas dormir sans Nounours.
La nuit, il frotte sa fourrure contre sa joue.
Nounours le câline et lui murmure des mots très doux.

Petit Louis court dans la maison. Il dit en riant :
« Nounours, si tu me montres le bout de ton nez,
je te donnerai un baiser, deux baisers, trois baisers, mille baisers… »

Petit Louis cherche partout : dans la baignoire, dans les placards,
dans la poussette des poupées, dans le coffre à jouets… Pas de doudou !
Petit Louis se met à pleurer :

« Nounours est perdu pour toujours. »

Papa le serre dans ses bras.

« Ne pleure pas, Petit Louis. Mon petit doigt me dit que Nounours est parti en voyage… »

Petit Louis retient un sanglot et répète : « En voyage ? »

Papa explique : « Les doudous aiment tendrement les petits enfants, mais ils aiment bien voir du pays, de temps en temps. Ils s'en vont un jour ou deux et reviennent, tout contents… »

Petit Louis se blottit dans les bras de papa. Il écoute.

« Pour partir en voyage, Nounours a grimpé sur le dos d'une oie sauvage. Du ciel, il découvre des milliers de paysages. » Petit Louis sourit.

Il imagine Nounours, les bras serrés autour du cou du gros oiseau…

« Nounours arrive en Afrique. L'oie le dépose tout en haut d'un baobab ! Nounours se penche pour voir le sol de la savane. »

Petit Louis crie : « Attention, Nounours ! Si tu tombes, tu vas te casser la tête ! »

Mais papa reprend d'un ton joyeux :

« Heureusement, une girafe arrive, majestueuse, sur ses longues pattes. Elle lui dit :

"Monte sur ma tête, petit Nounours ! Et glisse le long de mon cou !"

Nounours s'élance. Hop, il atterrit entre les cornes de la girafe et zou ! il glisse, jusqu'en bas, longtemps, longtemps. Le cou d'une girafe, c'est le plus grand toboggan du monde !

Un crocodile gentil s'approche. Sur son dos, Nounours fait le tour de la rivière. Pour son goûter, il mange des bananes avec les petits singes acrobates et, quand l'heure du bain arrive, un vieil éléphant l'aide à faire sa toilette. Il prend de l'eau dans sa trompe et… pschitt !

Il l'éclabousse. Quelle drôle de douche ! »

Petit Louis voudrait que l'histoire ne finisse jamais.

Les mots chantent dans sa tête et les images dansent dans ses yeux.

Il s'endort, tout heureux. Dans son rêve, il voit Nounours qui l'appelle :

« Petit Louis ! Petit Louis ! Viens me chercher ! »

Alors Petit Louis pense : « La prochaine fois, je lui prêterai mon écharpe. Mon écharpe est toute douce, elle sent bon mes bisous. Avec mon écharpe,

Nounours n'aura jamais peur de rien…

33

Pour choisir son nouveau doudou

1 Choisis un nouveau doudou : celui que tu trouves le plus beau, le plus doux, celui qui sent bon les bisous.

2 Donne-lui un nom. Dans le creux de l'oreille, raconte-lui un secret vraiment secret.

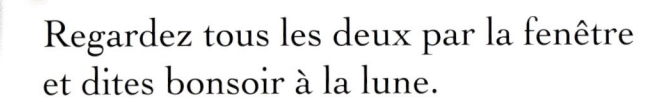

3 Regardez tous les deux par la fenêtre et dites bonsoir à la lune.

4 Installez-vous bien confortablement dans ton lit. Là, voilà. Pour le bercer, chante-lui ta chanson préférée.

5 Dépose un petit baiser sur le nez de ton nouvel ami, un baiser tout doux, tout câlinou. Pour lui souhaiter une bonne nuit, tu peux dire :
« Dors vite, gentil doudou ! Demain, promis, je t'emmènerai partout avec moi ! »

6 Et maintenant, chut !
Plus un bruit !
La journée est finie.
Bonne nuit, à demain matin !

Un soir pas comme les autres...

Ce soir, tout le monde est très excité à la maison !
Maman a passé sa journée à préparer de bons petits plats
et à disposer des bougies qui sentent bon
dans tous les coins du salon.
Papa ouvre des bouteilles en chantant des chansons.
Titouan et Clara ne veulent pas aller se coucher :

ils attendent les invités !

Gus, le petit chien, court partout et fait le fou.

Soudain : coup de sonnette !
Clara se précipite pour ouvrir la porte.
Titouan fait le chevalier servant : il prend les grands manteaux
des jolies dames et les pose sur le lit des parents.

Clara fait la coquette : elle embrasse
tous les messieurs et fait visiter la maison.
« Maintenant au lit, mes petits chéris ! » dit maman.
Titouan et Clara ne sont pas du tout d'accord !
Titouan attrape le bol de cacahuètes et Clara
fait déjà passer les petits gâteaux apéritif.
« Comme ils sont polis ! » s'exclament les invités.
Maman sourit : quel bonheur d'avoir des enfants aussi gentils !
Mais soudain, elle devient toute rouge. Clara a renversé
tous les canapés sur la veste du grand monsieur barbu !
« Maintenant, au lit, Titouan et Clara ! » s'écrie maman, fâchée.

Cachés sous leurs couettes, Titouan et Clara n'osent plus bouger.
Ils entendent maman qui nettoie la veste du grand monsieur barbu.
Et puis soudain, plus un bruit !
Clara commence à pleurer : « J'ai peur ! »
Titouan fait le grand. Il chuchote :
« Viens ! On va espionner les invités, avec ma lampe de poche ! »
Dans le couloir tout noir, Titouan fait le fier avec sa lampe de poche,
Clara glousse tout bas.

Mais soudain, Gus le chien se met à aboyer !

« Zut, je lui ai marché sur la queue », s'exclame Titouan.

Maman ouvre la porte. Tous les invités éclatent de rire.

Papa s'écrie : « Vus ! Au lit, les coquins ! »

Dans son petit lit, Clara recommence à pleurer :

« Je veux maman ! »

Titouan chuchote : « Clara, j'ai vu un bon dessert dans la cuisine ! Viens, on va se régaler… »

Clara suit Titouan sur la pointe des pieds.

Dans la cuisine, Clara aperçoit une énorme pièce montée aux fraises. La petite gourmande tend la main pour attraper la fraise qui est tout en haut… quand, tout à coup, papa entre dans la cuisine, les mains chargées d'assiettes. Il s'écrie :

« Au secours ! Il y a des petites souris dans la cuisine ! Elles vont manger tout notre dessert ! »

Titouan et Clara courent se cacher en poussant des cris de souris. Titouan est un peu fatigué. Il bâille et se frotte les yeux. Mais Clara recommence à pleurer. C'est casse-pieds, parfois, une petite sœur. Heureusement, Titouan a une bonne idée pour dormir tranquillement.

« Viens, Clara ! On va se coucher dans le lit de papa et maman… là où ça sent bon le parfum de maman. »

Là, Titouan et Clara s'endorment, comme des bébés.

Ce sont les invités qui sont bien étonnés quand ils viennent rechercher leurs manteaux !

39

Pour se coucher quand il y a des invités

1 Ce soir, il faut que tu sois grand, car papa et maman sont très occupés avec leurs invités.

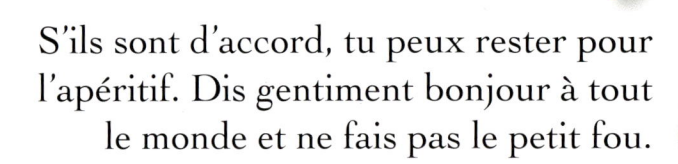

2 S'ils sont d'accord, tu peux rester pour l'apéritif. Dis gentiment bonjour à tout le monde et ne fais pas le petit fou.

3 Passe les petits gâteaux sans les faire tomber et ne coupe pas la parole aux invités !

4 Quand maman dit : « Au lit ! »,
dis bonsoir, sans faire d'histoires,
et cours te cacher sous ta couette !

5 Maman va venir te faire
un petit bisou. Et zou !

6 Maintenant, chut !
Plus un bruit !
La journée est finie.
Bonne nuit, à demain matin !

Dauphine
et la graine de rêve

Tous les soirs, maman dépose mille bisous sur les joues de Dauphine. Puis elle s'en va et ferme la porte. Dauphine se blottit sous sa couette et attend sagement le Marchand de Sable, en comptant les petits lapins qui dansent la ronde sur les murs de sa chambre.

Dauphine attend longtemps. Très longtemps ! Que fait-il, ce Marchand de Sable ? Il n'est donc jamais au rendez-vous ? Dauphine s'endort toujours avant qu'il passe !

Un soir, Dauphine a une idée.
Elle fabrique un avion en papier, demande à sa maman d'écrire un petit mot sur une aile : « Allez, Marchand de Sable, viens chez Dauphine ! »

Dauphine lance son avion dans la nuit.

L'avion fait trois loopings dans le ciel avant de disparaître…

Hélas ! Dauphine s'endort… sans avoir vu le Marchand de Sable.

Mais le lendemain soir, sous son oreiller, Dauphine découvre une lettre en étoile.

Une lettre qui sent bon le parfum de comète… Un petit mot est écrit dessus :

> « Petite Dauphine,
> Pour toi, j'accroche chaque soir une étoile dans le ciel.
> Je l'allume quand tu te couches et je l'éteins au petit matin.
> Ce soir, ouvre ta fenêtre… Je vais te faire une surprise…
> Signé, le Marchand de Sable »

Dauphine se précipite à sa fenêtre. D'abord, elle ne voit que le noir de la nuit.

Puis, elle aperçoit une minuscule étoile qui scintille et se met à danser.

Puis, une autre apparaît, et encore une autre. Bientôt, des centaines d'étoiles dansent dans le ciel : un vrai ballet d'étoiles filantes !

Le lendemain soir, Dauphine soulève son oreiller et découvre…

une toute petite graine.

« Maman, qu'est-ce que c'est ? » demande Dauphine, tout étonnée.

Maman sourit : « On dirait une graine de rêve. Garde-la précieusement pour faire de jolis rêves. »

Dauphine la tient bien serrée dans le creux de sa main et s'endort…

La graine grandit, elle devient un arbre gigantesque qui passe par la fenêtre entrouverte. Dauphine entend une voix qui l'appelle.

C'est le Marchand de Sable !

L'écho de sa voix résonne dans la nuit : « Allez, petite acrobate ! Grimpe ! »
Sans effort, Dauphine monte une à une les branches de l'arbre et s'installe bien confortablement sur le nuage du Marchand de Sable.
Ensemble, ils font le tour du monde pour endormir tous les enfants de la Terre. Devant chaque maison, le Marchand de Sable arrête son nuage et souffle dans sa flûte de roseau pour envoyer du sable magique sur le lit des enfants.
Les paillettes de rêves dansent dans la nuit avant d'endormir les petits, comme par magie.

Quand tous les enfants sont endormis, Dauphine et le Marchand de Sable prennent un goûter bien mérité. Dauphine croque un croissant de lune. Mais ses yeux se ferment tout seuls, elle tombe de sommeil et s'endort doucement sur le nuage. Quand sa maman vient la réveiller, Dauphine a encore dans la bouche un merveilleux parfum de sucre de lune…

Depuis, chaque matin, c'est la même histoire.
Quand Dauphine ouvre les yeux, elle dit à sa maman :
« Il est encore passé me chercher cette nuit…

Quel magicien, ce Marchand de Sable ! »

Petite comptine du Marchand de Sable

1

Allonge-toi bien dans ton lit pour écouter la comptine du Marchand de Sable.

2

Le Marchand de Sable fait le tour de la Terre.
(Dessiner le tour du visage avec le doigt.)

3

Avec sa baguette, il fait taire tous les bruits du monde ! Chut !
(Fermer les oreilles.)

4 Il allume une étoile, rien que pour toi. Cling, cling !
(Taper deux fois sur les petites joues.)

5 Il souffle dans sa flûte, pour envoyer du sable magique, qui endort les petits enfants.
(Fermer les yeux et souffler doucement sur les paupières fermées.)

6 Et maintenant, chut !
Plus un bruit !
La journée est finie.
Bonne nuit, à demain matin !

Photogravure : Point 4
Achevé d'imprimer en septembre 2010 par Toppan Leefung en Chine
Dépôt légal : janvier 2008